T0141581

Ingeniería asombrosa

Monumentos del mundo

Suma y resta

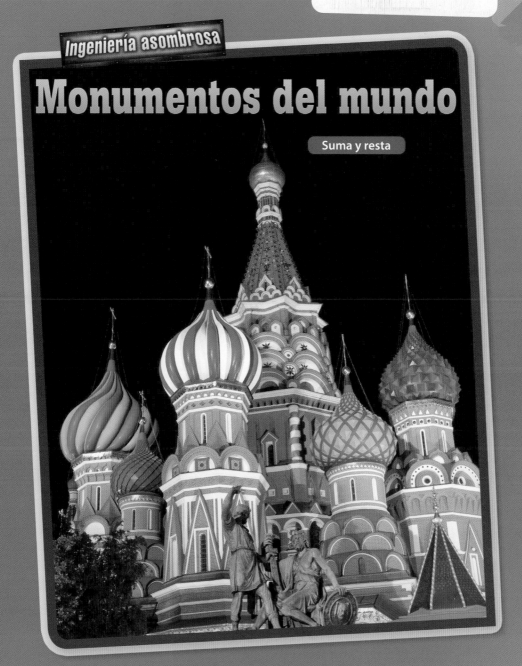

Jennifer Prior, Ph.D.

Asesora

Lorrie McConnell, M.A.
Especialista de capacitación profesional TK–12
Moreno Valley USD, CA

Créditos de publicación

Rachelle Cracchiolo, M.S.Ed., *Editora comercial*
Conni Medina, M.A.Ed., *Gerente editorial*
Dona Herweck Rice, *Realizadora de la serie*
Emily R. Smith, M.A.Ed., *Realizadora de la serie*
Diana Kenney, M.A.Ed., NBCT, *Directora de contenido*
June Kikuchi, *Directora de contenido*
Caroline Gasca, M.S.Ed., *Editora superior*
Stacy Monsman, M.A., *Editora*
Michelle Jovin, M.A., *Editora asociada*
Sam Morales, M.A., *Editor asociado*
Fabiola Sepúlveda, *Diseñadora gráfica*
Jill Malcolm, *Diseñadora gráfica básica*

Créditos de imágenes: pág.12 Tommy Dixon NI Syndication/Newscom; pág.14 Branimir Kvartuc/Zuma Press/Alamy; pág.17 Gualtiero Boffi/Alamy; pág.27 (superior) Denis Charlet/AFP/Getty Images; todas las demás imágenes de iStock y/o Shutterstock.

Library of Congress Cataloging-in-Publication Data

Names: Prior, Jennifer Overend, 1963- author.
Title: Monumentos del mundo : suma y resta / Jennifer Prior.
Other titles: World landmarks. Spanish
Description: Huntington Beach, CA : Teacher Created Materials, Inc., [2018] |
   Series: Ingenier?ia asombrosa | Audience: Age 8. | Audience: Grades K to
   3. | Translation of: World landmarks. | Includes index. |
Identifiers: LCCN 2018007604 (print) | LCCN 2018012076 (ebook) | ISBN
   9781425823283 (ebook) | ISBN 9781425828660 (pbk.)
Subjects: LCSH: Historic buildings--Juvenile literature. |
   Monuments--Juvenile literature. | Engineering--Juvenile literature. |
   Arithmetic--Juvenile literature.
Classification: LCC TA149 (ebook) | LCC TA149 .P7513 2018 (print) | DDC
   624--dc23
LC record available at https://lccn.loc.gov/2018007604

Teacher Created Materials

5301 Oceanus Drive
Huntington Beach, CA 92649-1030
www.tcmpub.com

ISBN 978-1-4258-2866-0

© 2019 Teacher Created Materials, Inc.
Printed in China
Nordica.072018.CA21800713

Contenido

Observar monumentos

Los monumentos famosos se pueden reconocer al instante. Algunos son **naturales**. Lugares como el monte Everest y el Gran Cañón son conocidos por su tamaño. Pero la naturaleza no crea todos los monumentos. Las personas también pueden hacerlos. Algunos son nuevos. Otros son antiguos. Todos son **únicos** a su manera.

el monte Everest

el Gran Cañón

América del Norte y América del Sur

América del Norte y América del Sur tienen muchos monumentos. Algunos se construyeron en los últimos años. Otros han existido por mucho más tiempo.

El Arco Gateway

San Luis, en Misuri, es llamada "la Puerta del Oeste". Es el hogar del Arco Gateway. El **monumento** se construyó en 1965. Busca **honrar** a las personas que ayudaron a **expandir** Estados Unidos mudándose al Oeste.

El Arco Gateway está hecho de acero. Tiene 630 pies (192 metros) de alto. Los visitantes **valientes** pueden tomar el tranvía hasta la cima. Desde allí, se puede ver a millas de distancia. Es un lugar excelente para admirar las vistas de la ciudad.

Estados Unidos de América

Los guardaparques ayudan a los visitantes a tomar el tranvía en el Arco Gateway. Imagina que los guardaparques comparten algunos datos durante tu visita.

1. Un guardaparques dice: "Un tranvía puede llevar 240 visitantes. Pero ahora no está tan lleno, ya que el tranvía acaba de llevar 100 visitantes menos". ¿Cuántos visitantes había en el tranvía?

2. Otro guardaparques dice: "¡Esta mañana estuvo muy concurrido! Había dos tranvías funcionando. Ayudé a 380 visitantes. Pero los tranvías pueden llevar 100 personas más". ¿Cuántos visitantes pueden llevar ambos tranvías?

3. Un tercer guardaparques dice: "Hoy puedes ver a 20 millas de distancia desde la cima del arco. Pero en un día despejado, es posible ver 10 millas más". ¿A cuántas millas de distancia puedes ver?

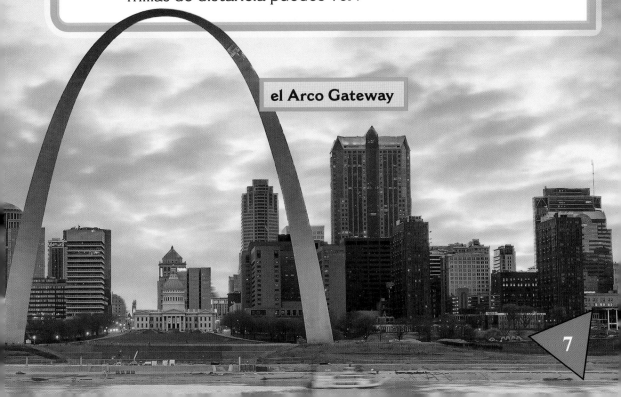

el Arco Gateway

Machu Picchu

Machu Picchu se ubica en lo alto de una montaña en Perú. Hace cientos de años, los incas decidieron vivir allí. Era un lugar al que era difícil llegar. Los mantenía a salvo. Machu Picchu estaba muy bien escondido. De hecho, muchos no sabían de su existencia hasta 1911.

Hoy, las personas lo pueden ver de cerca. Pueden escalar hasta la cima, ¡pero se deben preparar para sudar! Tendrán que subir más de tres mil escalones hasta la cima. Muchos piensan que las vistas bien valen la pena.

Machu Picchu

Hay más de 150 edificios en Machu Picchu.

Perú

EXPLOREMOS LAS MATEMÁTICAS

Imagina que algunos grupos de turistas están haciendo senderismo a Machu Picchu. Hay grupos de 25, 33 y 42 senderistas. ¿Qué preguntas matemáticas puedes hacer con esta información?

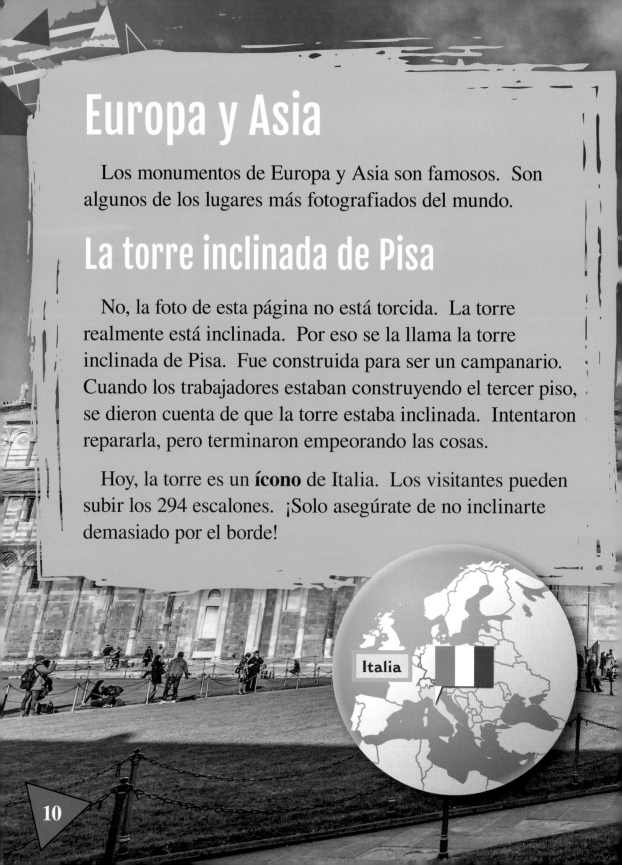

Europa y Asia

Los monumentos de Europa y Asia son famosos. Son algunos de los lugares más fotografiados del mundo.

La torre inclinada de Pisa

No, la foto de esta página no está torcida. La torre realmente está inclinada. Por eso se la llama la torre inclinada de Pisa. Fue construida para ser un campanario. Cuando los trabajadores estaban construyendo el tercer piso, se dieron cuenta de que la torre estaba inclinada. Intentaron repararla, pero terminaron empeorando las cosas.

Hoy, la torre es un **ícono** de Italia. Los visitantes pueden subir los 294 escalones. ¡Solo asegúrate de no inclinarte demasiado por el borde!

Italia

¡La torre inclinada de Pisa se inclinaba hacia el otro lado antes de que se construyeran los últimos cuatro pisos!

Big Ben

El Reino Unido también tiene una torre. Por suerte, esta no está inclinada. Se trata de la torre Isabel.

Adentro hay una gran campana. Esta campana se llama Big Ben. Suena en ciertos momentos del día. Poco después de construirse la torre, el Big Ben se rompió. El martillo que golpeaba la campana para que sonara era muy pesado. Se cambió el martillo por uno más liviano. Actualmente, los turistas todavía pueden ver la grieta en la campana.

Reino Unido

Un hombre señala la grieta en el Big Ben en 1959.

La torre Isabel (derecha) es parte del edificio del palacio de Westminster. Allí trabajan los miembros del gobierno.

San Basilio

En Moscú, Rusia, está la famosa **catedral** de San Basilio. Esta iglesia tiene más de quinientos años. Cuando se construyó, el exterior era todo blanco. El único color estaba en las cúpulas, que eran de oro. Después de unos cien años, volvieron a pintar la iglesia. Esta vez, los pintores usaron colores brillantes en las torres.

Actualmente, este edificio llamativo es famoso. A los visitantes les encanta subir las escaleras hasta la cima. Desde allí, tienen una vista excelente de la ciudad.

Rusia

Puedes ver otros monumentos de Moscú desde dentro de la catedral de San Basilio.

la catedral de San Basilio

15

El Taj Mahal

Hay un monumento en la India que cuenta una historia de amor y pérdida. Se llama Taj Mahal. El emperador Shah Jahān lo hizo construir para su esposa. Ella murió al tener a su bebé. Así que Jahān construyó el Taj Mahal como su **tumba**.

Hoy, millones de personas visitan el Taj Mahal cada año. Para muchos, es un monumento que no se pueden perder.

el frente del Taj Mahal

India

la Puerta Real del Taj Mahal

EXPLOREMOS LAS MATEMÁTICAS

La cúpula principal del Taj Mahal tiene 73 metros de alto. El gran arco bajo la cúpula tiene 33 metros de alto. ¿Cuánto más alta es la cúpula principal que el gran arco? Dibuja una recta numérica similar a la que aparece abajo. Úsala para encontrar la solución.

73

La Gran Muralla China

La Gran Muralla China no es simplemente una pared. En verdad, es una cadena de paredes. En total, las paredes tienen miles de millas de largo.

La pared se construyó originalmente para mantener a las personas fuera de China. Pero ahora, la pared atrae a las personas. De hecho, ¡más de 10 millones de personas van a ver la Gran Muralla cada año!

Esta sección de la Gran Muralla recorre una de las cordilleras de China.

China

El Gran Buda

La estatua del Gran Buda descansa en las colinas verdes de Japón. Honra a Buda. Él fue una figura religiosa. La enorme estatua tiene más de setecientos años.

Cuando se construyó por primera vez, la colocaron en un **templo** de madera. Un día, una gran ola golpeó el templo. El templo quedó destruido. Las personas no podían creer que la estatua había permanecido en su lugar. Ha estado al aire libre desde entonces.

Japón

Seguidores de Buda (llamados budistas) visitan la estatua para rezar.

La estatua del Gran Buda pesa cerca de 93 toneladas, ¡casi lo mismo que 11 elefantes!

África y Australia

Los dos monumentos que siguen están separados por miles de millas. Pero son conocidos en todo el mundo.

Pirámides de Guiza

Las tres pirámides de Guiza están en Egipto. Tienen más de cuatro mil años. Se usaban como tumbas para los reyes de Egipto. La pirámide más antigua es la más grande. Fue construida para el rey Jufu. Las otras dos se construyeron para su hijo y su nieto.

Llevó unos 30 años terminar la pirámide del medio (construida para el rey Jufu).

La pirámide construida para el rey Jufu tiene unos 451 pies de altura. La famosa gran esfinge está cerca. La esfinge tiene unos 66 pies de altura. ¿Cuánto más alta es la pirámide que la esfinge? Explica tu razonamiento con palabras, números o dibujos.

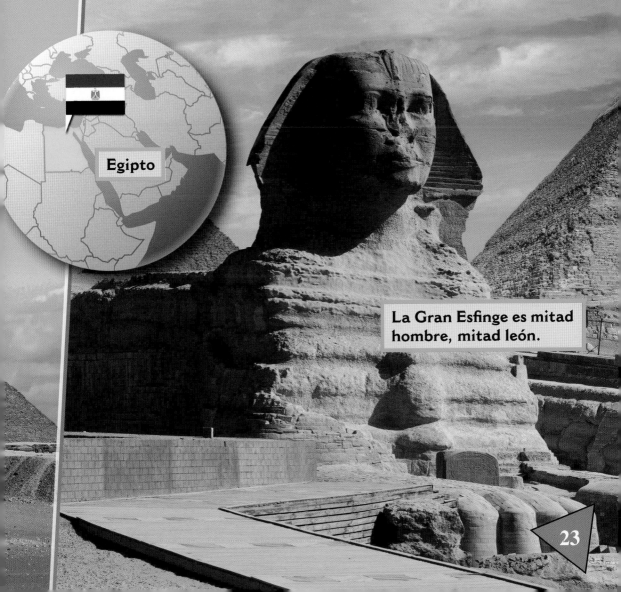

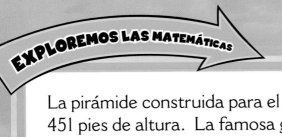

Egipto

La Gran Esfinge es mitad hombre, mitad león.

Casa de la Ópera de Sídney

La Casa de la Ópera de Sídney se ubica cerca de la costa en Australia. Algunos de los cantantes más famosos del mundo se han presentado allí. Pero la verdadera estrella es el edificio en sí.

El techo tiene diferentes secciones. Las secciones parecen valvas. El exterior de las valvas está cubierto de azulejos de colores blanco y crema. ¡Estos azulejos hacen que el monumento parezca brillar!

Australia

azulejos de la Casa de la Ópera de Sídney

la Casa de la Ópera de Sídney

25

Deja tu huella

¡Qué gran viaje! Pero todavía quedan más monumentos para descubrir. El Monte Rushmore es gigante. Y así lo es el edificio Empire State. El Eurotúnel y el canal de Panamá también son impresionantes. Busca monumentos. Descubre qué hace que cada uno sea especial. ¿Quién sabe? ¡Tal vez diseñes un monumento algún día!

el Monte Rushmore en Estados Unidos

el Eurotúnel en Francia

el canal de Panamá en Panamá

🛠 Resolución de problemas

La torre inclinada de Pisa es un monumento famoso de Italia. Imagina que te piden que diseñes dos torres nuevas basadas en la estructura original. Usa la información para planificar tus torres. Luego, dibuja diagramas para dar más detalles sobre ellas.

1. La torre inclinada de Pisa tiene 294 escalones. Usa este dato para planificar la primera torre.

   a. Usa las cifras 2, 9 y 4 una vez para crear el número de tres cifras más grande posible. Esta será la cantidad de escalones en tu torre.

   b. ¿Qué torre tiene más escalones: la tuya o la original? ¿Cuántos escalones más tiene? Explica tu razonamiento con palabras, números o dibujos.

   c. ¿Cuántos escalones tienen ambas torres? Explica tu razonamiento con palabras, números o dibujos.

2. La torre inclinada de Pisa mide unos 186 pies de alto. Usa este dato para planificar la segunda torre.

a. Usa las cifras 1, 8 y 6 una vez para crear el menor número posible de tres cifras. Esta será la altura de tu torre.

b. ¿Qué torre es más alta: la tuya o la original? ¿Cuánto más alta? Explica tu razonamiento con palabras, números o dibujos.

c. ¿Cuál es la altura de ambas torres? Explica tu razonamiento con palabras, números o dibujos.

Glosario

catedral: la iglesia principal de un área o una región

expandir: crecer

honrar: mostrar respeto por alguien o algo

ícono: un símbolo o lugar muy conocido

monumento: un edificio, un lugar o una estatua que honra a una persona o un acontecimiento

naturales: que existen en la naturaleza y no fueron causados o hechos por una persona

templo: un edificio usado para adoración religiosa

tumba: una cámara donde se guarda un cadáver

únicos: que no se parecen a nada

valientes: que no muestran miedo

Índice

Soluciones

Exploremos las matemáticas

página 7:

1. 140 visitantes
2. 480 visitantes
3. 30 mi

página 9:

Las respuestas variarán. Ejemplo: *¿Cuántos senderistas hay en total? o ¿Cuántos senderistas más tiene el grupo más grande que el grupo más pequeño?*

página 17:

40 m más alta

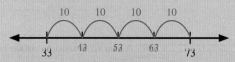

página 23:

385 ft más alta; las explicaciones variarán, pero pueden incluir ecuaciones, rectas numéricas o conteo salteado.

Resolución de problemas

1. **a.** 942 pasos

   b. La tuya; 648 escalones más; las explicaciones variarán, pero deben mostrar que 942 es 648 más que 294.

   c. 1,236 escalones; las explicaciones variarán, pero pueden incluir ecuaciones, estrategias de valor posicional o imágenes.

2. **a.** 168 ft

   b. La original; 18 ft más alta; las explicaciones variarán, pero deben mostrar que 168 es 18 menos que 186.

   c. 354 ft de alto; las explicaciones variarán, pero pueden incluir ecuaciones, imágenes o rectas numéricas.